JN437756

장미꽃보다 아름다운 눈빛

장미꽃보다 아름다운 눈빛

송낙인 시집

Poems by Song Lark In

동학사

■ 자서

나를 사랑하고 남을 사랑하기 위하여

송낙인

시란 총체적 진실을 이미지·은유·상징 등을 사용, 언어의 음악성으로 형상화시킨 일인칭 현재시제의 함축적 자기 독백체 진술이라고 배웠다. 인간의 사상과 정서를 운율적인 언어로 압축하여 표현한 언어예술이 시가 아니랴.

국민의 생명과 신체, 재산 등을 보호하고 공공의 안녕과 질서 유지 임무를 하다가 34년 만에 정년퇴임하고 일선에서 물러났다. 그 열정을 되살려 삭막한 이 시대에 문화예술의 꽃인 시를 쓰기 시작한 지도 20년이 다 되었다.

시는 어렵다. 압축이 잘 이루어져 함축성을 지닌 시를 단번에 이해하는 것은 쉽지 않다. 그런데 수많은 장르 중 굳이 시를 고집하는 이유를 묻는다면 시만큼 내 생각을 잘 표현하는 문학적 장치는 없기 때문이다. 내 감정을 구구절절이 말하지 않고 몇 마디를 해 다른 사람이 여러 생각을 한다면? 내가 의도한 것과 같은 생각을 하는 사람도 있겠지만 정반대로 생각하는 사람도 있을 것이고, 확장 혹은 축소해서 생각하는 사람도 있을 것이다. 무언의 대화가 이루어지는 것이다. 나는 시를 씀으로써 내 생각을 더 구체화하기도 한다.

지금까지 살아온 날보다 앞으로 살아갈 날이 많지 않을 것이다. 그래서 이 세상이 더 아름답게 보이고 할 일이 더 많다고 생각한다. 공직에 있을 때나 그 이후에나 내가 겪은 수많은 일들, 사람들과의 애정과 우정, 신뢰와 불신, 상처와 분노…… 온갖 감정이 다 시가 되었다. 시를 쓰면서 나를 낮추었다.

초심을 잃지 않고 꽃밭의 나비처럼, 청산의 바람처럼 살아가면서 시를 쓸 것이다. 내 인생에 책임을 지는 유일한 사람은 나 자신이다. 나에게 조그마한 때가 묻어 있다면 그 때를 시를 쓰면서 벗겨가야 한다. 그리고 지금 이 순간부터 보다 순수하게 산같이 물같이 살아가야 한다.

내가 서 있는 이곳이 불과 한 평도 되지 않지만 우주의 중심일 수밖에 없다. 지금 이 시간은 두 번 다시 오지 않는다. 그러므로 나를 사랑하고 내 주위 사람을 사랑해야 한다는 지극히 단순한 명제를 소크라테스의 철학보다, 피타고라스의 정리보다 더 소중하게 가슴에 껴안는다.

오늘 밤이 지나면 다시 찾아올 아침, 나는 잠에서 깨어나 빛나는 태양을 맞이하리라. 풀잎에 맺혀 있는 이슬을 느끼고 상큼한 공기를 마시면서 자연과 하나가 되리라. 동시대인과 함께 하는 작은 축제의 의미가 되기를 바라는 마음에서 등단 18년 만에 첫 시집을 묶어낸다.

■ 발문

자연과 혼연일체가 된 인간의 목소리

이승하(시인, 중앙대 교수)

송낙인 시인을 처음 만난 것은 중앙대학교 예술대학원의 문예창작전문가과정에서였다. 서산에서 서울까지 매주 통학을 하는데, 지각이나 결석을 한 적이 없었다. 그쪽의 문학행사로 부득불 결석을 해야 할 경우, 일주일 전에 꼭 찾아와 결석 사유를 말했다. 정말 성실하고 꾸준했다.

수업시간에 칭찬을 한 적이 거의 없었다. 주마가편이라고, 꾸지람을 주로 했다. 한 학기 내내 꾸지람을 들으면 내심 원망하면서 소식을 끊는 경우가 많은데 송 시인은 수료 이후에도 연락을 해왔다. 서산에 가서 특강도 했고 심사도 했다. 시가 완성이 되면 메일로 보내주었고 나는 그때마다 코치를 해주었다. 그렇게 10년 세월이 흘러갔다.

근년에 들어 보내주는 시는 별로 고칠 게 없었다. 그래서 자꾸 권유하였다. 이제는 시집을 내는 것이 좋겠습니다. 한번 매듭을 짓고 새출발을 하는 것이 좋겠습니다. 권유한 지 3년 만에 불쑥 원고뭉치를 내미는 것이었다. 250편이나 되는 시 중에서 80편을 추려내는 것이 쉽지 않았다.

내 돌아가신 부친은 한국전쟁 중에 훈련소 교관을 하다가 경찰전문학교에 들어가서 경위까지 하고 사직을 하셨다. 이후에는 경우회에서 간부 일을 하셨고 김천지역의 경우회장도 하셨다. 송낙인 시인이 칭찬에 인색했던 이 사람을 깍듯이 스승으로 모셔 온 것은 바로 이 인연 때문인지도 모르겠다. 50~60년대 경찰관은 정말 박봉이었다. 셋방살이를 전전했으니 내 아버지는 융통성이 부족했는지도 모르겠다. 하지만 부정직한 일은 한 번도 한 적이 없었다고 나는 확신한다. 취하기만 하면 "돈 없고 빽 없어 요 모양 요 꼴이다", "공수래 공수거!" 하고 외치곤 했었다.

10년 이상 송낙인 시인을 봐 왔다. 특히 송 시인의 시를 10년 넘게 읽어 왔다. 참 고지식하다고 해야 할까, 고집불통이라고 해야 할까. 시류에 따라가거나 유행을 좇는 시를 쓰지 않았다. 자연과 인정을 노래하는 서정시를 쓰면서도 구태의연한 시를 쓰지 않으려고 노력한 흔적이 역력하다. 독자는 송낙인 시인의 시를 읽으면서 서산의 사계를 마음껏 즐길 수 있을 것이다. 불교적인 깨달음의 세계에도 가보았다가 세태에 대한 한탄의 목소리도 들을 수 있을 것이다. 송낙인 시인의 시에는 충청도의 산이 있고 서산 앞바다가 있다. 숲이 있고 꽃나무가 있다. 인간이 있고 인정이 있다. 연애감정이 충만해 있고 이별을 하면 설움에 잠 못 이룬다. 아내를 사랑하고 민중을 신뢰한다.

특히 송 시인의 시는 길지 않다. 어렵지 않다. 시인들이 산문시를 많이 쓰는데 산문시는 한 편도 없다. 자신의 감정을 솔직하게 전달하여 독자의 마음에서 감흥이 일어나게 한다. 송 시인의 시는 또한 젊다. 시만 보고는 시인의 나이를 짐작할 수 없을 것이다. 오래 뜸들이고 내는 시집이니 다음번 시집, 그 다음번 시집은 뜸을 적당히 들이고 나왔으면 좋겠다. 해설이 아니고 발문을 쓴 이유는 송낙인 시인의 인품을 얘기하고 싶어서였다. 처음 보았을 때나 지금이나 한결같은 사람, 너무나 인간적인 시인이기에 뵐 때마다 내가 배운다. 서산을 대표하는 시인이 되는 것에 만족하지 말고 계속 정진하여 한국을 대표하는 시인이 되기를 바라마지 않는다.

차례_ 장미꽃보다 아름다운 눈빛

1

2

3

1

스님 같은 국화

하얀 서리가 내려앉아
은빛으로 반짝거리는 서광사*
가을 서리 맞아 깨달음 품어 안은
스님의 풍모가 잔잔히 번진다

너는 왜 색즉시공色卽是空의 도리를 알고
사바세계에서 인고의 인연들에 얽혀 있느냐
영취산 높은 바람을 여름 내 겪어야 한다
국화 향기에 무소의 뿔 같은 수행 자세여

국화를 꼭 닮은 저 스님
너럭바위 소나무처럼 맑고 고결하고
향기 내뿜는 국화 도량이 되어
마침내 열반의 경지에 다다르는구나

---

* 서광사 : 충남 서산시 부춘동 소재 사찰.

서광사瑞光寺에 홀로 앉아

사바세계를 떠나 찾아온 서광사瑞光寺
나도 언제 부처가 될 수 있을까?
염불 행사처럼 나무아미타불
관세음보살이 울려 퍼진다

외롭고 쓸쓸하게 구석에 홀로 매달려
땡그랑 땡그랑 풍경이 운다
절 마당 가득 야생국화꽃 무궁화꽃을 보니
내 마음이 물든다 향기 풍긴다

수행자의 삶이 풍경처럼 닮아야 한다
풍경 소리는 부처님의 음성
눈에 보이는 것은 부처님뿐

추녀 끝에 매달려 사시사철
수행자를 인도하고 지도하는 풍경을 보아라
나도 부처가 된 것이다

불세존*이라고 부르며 외치고 싶은
주지 도신스님처럼

딱딱딱딱따다 목탁소리 들으면서
부처님의 존귀를 깨닫고
정성어린 마음으로 육바라밀을 배운다.

---

* 불세존 : 세상에서 가장 높은 스승.

나 원점으로 돌아가련다

얇은 날개 한 장 달린 까만 쌀알만 한 씨앗
땅에 떨어지고
우산처럼 펼쳐 나온 싹이 성장하면서
세월을 지나친다

모진 풍파 속에 늙고 병들고 휘어지고 구부러져
거북이 등, 매미 날개의 무늬처럼
성장한 소나무 한 그루 자태를 뽐내고 있다
천 년 만 년 살 것처럼 아등바등하다
쏘가리의 대들보도 못 되고

언젠가는 원점으로 돌아가련다
기억도 하나 둘 차례대로 내려놓고
한 톨의 씨앗을 위해 왔던 길 때 되면 가야 한다
밝은 가지가 죽죽 뻗은 소나무가 되어
불볕더위 가려주는 그늘이 되고 싶다

그늘과 눈물이 없는 자는 소나무 될 자격이 없다
소나무 하단부이 볏짚을 동여 묶어

송충이들 그곳에 모이면
동여 묶은 볏짚을 풀어 불에 태워 해충을 제거하듯
한 톨의 소나무 씨앗으로 태어나고 싶다.

심청이, 인당수에 빠지다

총총 떠 있는 별들이 사라질 때
웃음 방긋 지며 나타나는 새벽의 꽃
무욕과 청빈을 익선관으로 표시한 너

이곳저곳에서 모여든 더러운 물속에서
오염되지 않고 진흙에서 태어나
칡처럼 넝쿨지지도 않고 가지도 없이
한 줄기로 하늘만 바라보고 사는 너

국화 모란꽃보다 혼자 몸에 육바라밀*만 소지하고
쌀 300석에 인당수에 몸 던진 효녀 심청
너를 타고 세상 구경 나왔노라

비록 속은 허허롭게 비고 외줄기지만
항상 깨끗한 몸가짐, 만인이 부러워하는 모습
꽃 피고 열매 맺어 나에게 환상의 기쁨을 준다

* 육바라밀(六波羅蜜) : 보살이 열반에 이르기 위해 해야 할 여섯 가지 수행.

바람이 불러도 이곳저곳으로 쓰러지지도 않고
억수 같은 비가 와도 젖지 않고 흙먼지도 묻지 않고
언제나 하늘만 바라보면서 우뚝 선 너

꿀벌 한 마리가 너의 꽃술에 폭 파묻혀
넋을 빼앗기고 있다.

사람도 나목이 될 수 있다면

한 그루 초록 잎 달린 나무, 한 송이의 꽃, 그늘
이들 몸짓은 철 따라 변신한다
새싹, 녹음, 단풍, 알몸으로

이들은 미풍, 폭우, 강풍에 가지가 찢기고
뿌리째 넘어지기도 한다 이런 박해와 흔들림이 없으면
땅속 깊게 뿌리박지 못해
올곧게 성장 못했을 것이다

나무같이 슬픔이 없으면 기쁨이 없고
고뇌가 없으면 즐거움도 없다
가난이 있기에 부富가 있고
질병이 있기에 건강이 중함을 안다

몸에 아토피도 발생하고 벌레들에게 갉아 먹힌 상처
장난꾸러기들 발길과 떡메로 피멍 들었던 날들
상흔과 아픔 훨훨 다 털어버리고
맑은 바람 불어 닥쳐 옥구슬 되리라

사람들도 나무처럼 알몸이 된 후
재생의 길로 가서 새싹을 피우고
재출발하는 기회가 있다면

불타는 산하 단풍잎 제단 쌓아놓고
붉디붉은 애기단풍 단둘이 입맞춤하면서
흰 눈이 축복으로 내린 후에
희망의 꽃소식 내려주소서.

송홧가루 풀풀 날리던 날

초록 세상 송홧가루 풀풀 날리던 날
노랑나비 춤추듯 바람 따라 휘휘 날려
바람 부는 쪽으로 입 벌려 마시려 해도
송홧가루는 들어오지 않고
피톤치드의 향기만 콧속으로 솔솔

배고픈 애벌레처럼 꿈틀거리며
송홧가루 받아 송화다식과
대 잇기 위한 씨 하나 만들어
거울같이 맑은 임에게 주려 하지만
그 마음 몰라주는 그대 야속타

꿀벌 샛노란 뒷다리에
보랏빛 향기 짙게 물들여 전하고 싶다
초록 세상 송홧가루 풀풀 날리던 날
바람결에 휘날리는 풍매화같이
내 마음은 하늘 우러르며 떠도는 방랑자.

만개한 벚꽃 아래서

솜사탕처럼 만개한 벚꽃단지
오늘은 한 마리 나비 되어
봄날의 향연에 취해
웃음꽃 활짝 피워본다

모두 다 내 곁으로 달려와
달콤하게 속삭이네
귀 좀 기울여봐
희망의 노래 팡파르 터질 테니까

벚꽃 세상에 도취해 눈을 감고
꿈속 사랑, 영원히 갈 것 같은
부귀영화 다 누리면서
사랑의 노래 큰소리로 불러봐

그러다 벚꽃 바람 불어오면
흰나비처럼 날아가는
황홀한 흩어짐 속으로
내 마음도 하르르 흩날리는 것을.

함박눈 속에 파묻혀

흰나비처럼 날아든 함박눈
산소에 산더미같이 쌓여
하얀 솜꽃 만발한 목화꽃밭 일구고

내가 산더미처럼 쌓인 눈을 밟고 맞으며
걸음 걸을 때마다 뽀드득뽀드득 소리를
어머니는 듣고 계실까?

무덤 속 고이 잠드신 어머니
얼어붙어 땅 속에서 춥지 않으세요?
봄이 오자 어머니 온몸 다 적신다

살과 뼛속으로 함박눈물 들어가
온몸 축축이 젖어도
어머니 꼼짝달싹도 않는다

함박눈물 귓속으로 들어가 비눗방울 만들어도
어머니 간지럽다 말도 안 하신다

우비로 산소 덮어드렸더라면

잡초가 온몸을 덮고
나무뿌리 입속 뱃속까지 뻗어도
어머니 봄바람 같은 입김 내게로 뿜는다.

단 둘이만 살자

별만 보이는 고즈넉한 어느 바위시렁
정확한 번지 없는 곳은 어떠랴
짹짹이 집 같은 황토집 짓고
등잔은 관솔불로

인기척 없는 그곳에서
골물소리에 바람피리 들으며
단둘이만 살자

조약돌 주워 소꿉장난하고
볏짚 더미에서 숨바꼭질하던
어린 적 그 시절같이
숨어 살면 어떠랴

단 한 사람
찾아오는 일 없는 곳은 어떠랴
낮에는 햇빛
밤에는 달 별빛이
창문을 비춰줄 테니까

깊고 깊은 산 바위시렁
둥지 속 원앙처럼
나는 당신의 장미나무가 되고
당신은 나의 영원한 장미꽃이 되어
동면冬眠도 한 우리에서.

육쪽 마늘의 뚝심

손끝으로 육쪽을 갈라 심어도
한쪽, 한쪽, 제 식구를 챙기듯
한결같이 육쪽으로 만드는 마늘

된서리 내린 황토밭에다
썩은 쇠똥 닭똥 뿌려 갈아 묻어도
기운을 뻗쳐 혹한 이겨내는
뚝심의 사나이

덮어씌운 비닐구멍 뚫린 곳으로부터
쑥쑥 돋아나오는 뱃심의 사나이

아리지 않고 달착지근한 맛
청양고추만큼 맵고
내파수도 수석같이 단단하고
배꽃처럼 희디흰 마늘 몸짱

닷새 장 벼르고 별러 팔아봐야
품삯 반만큼도 못 되는 것

억새꽃 할아범 할멈들
마른 혀를 뒤집으며 쇳소리 내면서도
시렁 한 귀퉁이에 매달린 주먹 같은 마늘

한 접씩 엮어 매달아놓는 재미로
한 해도 거르지 않고 황토 마늘밭을
호적등본처럼 귀엽게 여긴다.

가을 노래

쓰러져 뒹구는 낙엽을 밟는다
바스락바스락 부서지는 소리
지친 내 심신을 달래주는 이별 노래 같다

스산하게 부는 바람은 내 마음
푸른 날 최선을 다하지 못하고
시든 꽃처럼 살아온 세상

이슬비에 젖은 낙엽
내 신발에 붙어 떨어지지 않는다
동행 요구하는 연유는 무엇일까?
걷던 길 멈추고
신발에 붙은 낙엽을 떼어 낸다
나도 언젠가는 저렇게 떨어질 테지

어느 쓸쓸한 날
홀로 떠난 숲길에서 물 한 모금 마시면서
병아리처럼 하늘만 쳐다본다

귀착점

길섶 민들레같이 살지 않고
왕벚꽃처럼 살다가

이슬처럼 사라져
황토 흙으로 돌아가
십자가같이 살리다

노을꽃 핀 곳에서
손에 손을 잡고
덩실덩실 춤추며
행복의 백두산인 세상

질 때는 모란꽃 같지만
진 뒤에는 무궁화꽃으로 변하여
즐겁고 아름다웠다고 말하리라.

송충이를 바라보며

등산길
부춘 산마루에 올랐다
벤치에 앉아 무심코
솔잎을 갉아먹고 있는 송충이를 바라본다
식사 중인가?
아무래도 과식하는 거 같다
몸을 폈다 오므렸다 반복하며
똥을 싸고
껍질에 알을 숨긴다
일행 중 한 사람이
동면을 준비하는 거라 귀띔해준다
천적인 송충이 알벌에게 들킬세라
단단히 숨긴다
송충이 모습을 통해
나도 동면을 걱정하며 산을 내려오는데
수목에 그림 같은 눈꽃이 만발할 것을 예견한
솔나방 한 마리
하늘 향해 날아간다.

퉁소

할미꽃 왕모王母의 골격은
퉁소로 되어 있다

속 비고 구멍 나 있는
할미꽃 왕모 골격

눈물 젖은 보릿고개 넘어
파도타기 같은 생

긴 세월
한恨을 퉁소 소리로 풀고 있다.

해바라기에게

두 팔 벌려 미소 짓는 피에로 해바라기야
가까이 빤히 보이는 땡볕 여름 해 바라보며
전신주처럼 서 있는데도 안 뜨겁니

다 타들어간 숯검정같이 그을림도 없이
늘 노란 얼굴로 피어 있구나, 활짝
웃고 살면 인생 대박 터지지 않겠니
징징 짜면 인생 쪽박이라 하던데

그래서 너는 땀방울이
방울방울 맺혀 있는데도
더위 타지 않고 그저 웃고 있구나

피에로 해바라기야
뛰며 노는 메뚜기 여치들에게
그늘 만들어 주어
시원시원 놀게 거들어주는 놀이동산이구나

둥실둥실 떠돌며 떠돌며, 되려

해맑은 미소를 방해하는
잠자리 나비 훼방꾼들이
얄밉지 않냐
나 같으면 귀찮게 하는
놈들 내쫓아버릴 텐데도

사체는 사인을 밝혀주고

죽은 자는 이승에 등을 돌렸다
매섭게 번쩍이는 메스, 비린내 풍기는
곳에서 어이없는 사인불명인 채로
저승의 사닥다리에 걸쳐 버렸을까

사인 규명은
지문 혈액에서 인적사항을 캐내고
날카로운 집도로 자살과 타살 여부를 체크한다
칼 쥔 의사보다 사건 진상을 먼저 밝혀낸다

거짓말 안 하고 티 한 점 없이
목격자나 유가족이 사인을 뒤집어보려 한다
변사자는 자살할 만한 이유가 없는데
왜 굳이 신神의 벼리를 이탈했을까
어버이 가슴에 대못을 박아놓은 채

안면읍 중장리 외딴 오두막집 안방과 마루에서
머리를 도끼날 속에 눕히고
변사자 중 어린이는 눈을 뜨고 어른은 눈을 감고

뜬 자와 감은 자는
도살장 담벼락에 널려 있는 목장갑처럼

누구 하나 사자의 죽음에 대해 까맣게 모른다
그믐달만 아는 듯 모르는 듯
서쪽으로 기울어 가고

어느 화가의 일생

— 안견기념관에 와서

애국가 삼절 첫머리 같은 계절에
초상화 하나 없이
몇 점의 산수화만 남긴 채
부춘 잎에 이슬 한 방울 떨구곤
무표정한 눈빛으로 사라져버렸네

세상 누구를 탓할 수 있으랴
뭉게구름처럼 떠돌다가 얼싸 둥둥
끝내 빼어난 산수를 찾아 되돌아온 곳
매화, 살구, 복사꽃 흐드러지게 피는
지곡면 화천리 안견기념관

그곳에서 물감보다 더 진한
해와 달, 별빛을 쥐어짜
반달낫 숫돌에 갈듯이
한 맺힌 몇 점 그려놓았네
하늘과 땅 사이
산명수자山明水紫를

영원히 남는 것,
그대의 대작 몽유도원도 그 이름뿐
뭉게구름 속 떠돌던 일생 언저리에
그대가 남긴 예술혼 이어받아
수많은 화가들 횃불 밝히리라.

봄꽃 상견례

두메산골 신작로까지 어슬렁어슬렁
걸어 나와 수줍게 상견례하는 봄꽃들
경칩 무렵 대지로 기어 나와
꽃샘바람결에 몽유도원 펼쳐놓고
오색 동식물의 꿈을 부른다
꽃내음 분수처럼 내뿜으며 인사한다

할미 개나리 산수유 민들레 유채 매화
진달래 버들강아지들 상견례 함성소리에
북장구 징치며 고고춤 펼친다

무지개 혀를 날름대는 꽃들
낭랑한 교향악 소리에 뭉게구름
내 마음에 파랗게 나부낀다

청아한 눈빛 한 그루 매화
동백꽃술 같은 마음만 있으면
그윽한 향기 혹성처럼 공전하리.

자식 기르는 연리지의 속내

옥이야, 금이야, 하면서 키운 자식
어찌 지란芝蘭을 기르는 사랑에 견주리
한 가지 품에 암, 수소를 키운 연리지連理枝에서
태어난 자식, 어느 자식에 견주리

길 잘못 드는 일이 생기면
회초리로 때리는 심정과
곁가지로 벋어나가면
가차 없이 잘라내는 연리지의 심정
어느 칼날에 견주리

길과 집을 잠시 잃어버리고
가시오갈피 가시에 찔린 채 우는
자식과 연리지의 어린 가지 옆에서
스스로 석고대죄를 펼치는데
어린 가지들은 어미 가지의 속내를
어이 알랴

속에서만 타는 아픔이 주절주절
빨래처럼 널려 있네.

겨울옷을 입고 봄을 부른다

겨울 뒤뜰에 휠체어처럼 삐걱이는 귀신대
어쩐 연고인지
앙상한 알몸에 고장난 벽시계를 달고 있다
하늘 우러르는 동안 한점 저항없이
우뚝 서서 하늘 모습을 따른다

더 벗을 것 없이
모두 벗어버린 알몸 신세

칼날 녹스는 겨울나무의 자궁 속에
시린 손발 녹이며 녹여대며
노들강변 노래를 부르는
뒤뜰 겨울나무의 우듬지여

쉴 새 없이 된바람은 마냥 윙윙윙

나무 비듬 속에 숨는 벌레처럼
하얀 눈송이가 장독대 소래기에 숨는다.

희망이 손톱만큼 있다면

동이 트자
기지개를 펴면서 눈뜨고
언제나 둥실둥실 똑같은 세상
아등바등 살 필요가 있을까

돈도 명예도 아니고
그냥 앞만 보고 뛰다보면
주위에 괴롭고 슬프고, 병든 자,
배고픈 자, 억울하게 감옥 간 자, 학대받는 자,
자살하는 자가 눈에 띄고 귀에 들린다

신神이 주시어 귀하게 태어난 생명들이
그렇게 헛되게 살다 갈 바엔
차라리
흔적 없이 떠나는 것이 나으련만

그대들 희망이 손톱만큼이라도 있다면
그 태풍이 지난 후에
찬란하고 황홀한 태양이 덩실덩실
떠오를 것이네.

장미꽃보다 아름다운 눈빛

— 김영만 선생님께 바치는 시

먼 들판의 마른 갈대처럼 꿋꿋한 모습으로
한 손엔 사표師表의 지팡이 들고
또 한 손엔 펜대를 힘껏 잡아
내리막길에서 시 한 수 쓰고
오르막길 위에서 다시 시 한 수 쓰며
그렇게 보낸 50여 성상이여

지나온 발자취를 회상할 때
어느 한때는 껄껄한 협곡에 부딪혔지만
임은 온화한 인품으로 감쌌습니다

임은 만약 시를 안 쓰고
지금 나이까지 살아왔다면
햇빛과 공기 같은 마음으로 먼 들판을 안고
사랑, 그리움을 그리지 못했을 것입니다

임의 달무리는 언제나 숨은 듯 나타납니다
우리들은 그 달무리에 화음처럼 어울리며
아름다운 시를 쓰고 싶습니다

해와 달이 바뀌고
세월이 강물처럼 흘러가도
별이 늘 그 자리에서 반짝반짝 빛나듯

별을 향하는 아름다운 눈빛
영원히 변치 않고 반짝이며
스멀스멀 물안개가 피어오르는
장미꽃 동산을 꾸며놓기 바랍니다.

2

갈대밭에서

청량한 가을 햇살 아래 빛나는 갈대밭
갈대와 나 흰머리를 하고
긴 세월을 나부끼고 있다

바람이 불면 바람에게 몸 맡기고
가을비 내리면 비에 푹 젖고
수천 수만 번 흔들려도 허리 꺾이진 않았다

성성한 백발
홀로 빛나는 별처럼 반짝인다
메마른 몸 서로 비비다 지쳐 울기도 했고

생각하는 갈대*가 되고 싶었다
꼿꼿한 중년의 모습으로
흔들려도 꺾이지 않는

---

* 파스칼의 『팡세』에 나오는 말.

벚꽃, 비, 바람

열흘 가는 꽃이 없더라

팝콘처럼 하얀 벚꽃 향기를 맡는 찰라
비, 바람에 흰나비처럼 떨어진다
기진한 목숨 땅에 소복이 쌓여
세상은 꽃 천지 눈이 온 양

그 찬란했던 꽃들이
어두운 밤을 불사르며 사라진다
일장춘몽처럼 찬란하게
캄캄한 어둠 속으로 날아간다

꽃이여 우리 인생도 너와 똑같구나.

바위 틈 소나무

활짝 핀 목화밭 속에
묻혀 있는 가야산 정상
바위 틈 겨울 소나무
사방이 확 트인 산야 바라보며
사철 변함없이 홀로 서 있다.

휘몰아치는 눈보라 피하지도 않고
바위 틈에 뿌리박고 묵묵히 서 있다.
모진 채찍을 온몸으로 막고 있다.
세월 따라 갖은 풍상 겪으며
늠름함을 과시하는 그대
자존심 하나로 버티고 있다

가야산 정상 바위 틈서리에 있는
소나무여 겨울 소나무여
아파도 아프다 하지 않고
외로워도 외롭다 하지 않고
사철 변함없이 홀로 서 있다.

호박꽃을 노래함

풀벌레들이 노래하는 길섶
흘러간 노래에 취해 있는 나에게
빨갛게 익은 사과 건네주던 그대
연분홍 빛깔 열매로 결실 맺고 싶었지

보기야 라일락꽃이 호박꽃보다 백배 나은 것
꽃보다 아름다운 그대 마음인 줄 알았더니
뻐꾸기가 아닌 붉은머리오목눈이
예쁘다고 다 아름다운 것은 아니더라

나무에 꽃이 필 때까지 앉아 있겠다던
붉은머리오목눈이는 포로롱 날아갔다
있는 듯 없는 듯 꽃피우는 호박이여
물 주지 않아도 저절로 피는 호박꽃이여.

단풍이 들다

마지막 잎새는 떨어져야 한다

무슨 생각을 하는지 초록 잎에서
붉은색 노란색 갈색으로 변해가는 순간부터
가장 아름답고 화려한 몸짓으로 산을 불태운다

단풍나무는 생의 절정에 들었다
자신이 지켜온 길을 선택하면서
그 초록의 무거운 짐을
하나 둘씩 밑거름으로 내려놓는다

세상에서 가장 황홀하고 찬란한 빛깔로 변해
나뭇가지나 잎새에 들러붙은 상고대 현상
슬퍼하거나 노여워하지 말고 함박웃음 지으라

자신의 사지오체 중 일부였건만
속절없이 버리고 떠나야만 한다
겨울나기를 위하여 새봄을 맞이하기 위하여

봄을 기다리며

짜깍짜깍 시곗바늘은 멈추지 않고 돌아간다
손바닥 크기의 눈송이들
난무하는 나비들처럼 쏟아져 내려
온 천지를 아비규환 속에 빠트렸다

이윽고 세상은 한 폭 솜이불
긴 겨울잠에서 깬 반달곰처럼 늠름한 모습으로
훌훌 털고 만물이 서서히 깨어나는 봄
손톱만 한 연보랏빛 봄까치꽃, 냉이, 버들강아지,
매화, 산수유, 복수초
아직은 하얀 눈꽃에 묻혀 벌벌 떨고 있다

고로쇠나무 수액처럼 몸속에도
봄날의 물이 흐르게 될까
짝 잃은 내 몸은
노곤하다

연보랏빛 봄까치꽃같이
방긋 웃음 터트리는 봄이 오지 않고

내 마음에는 왜 아지랑이가 자욱하게 끼고 있을까?

봄이 내 몸에도 찾아오면
나는 활짝 피어나리니
눈꽃 속에 피어난 저 들꽃들같이

목련꽃

오솔길 양지쪽에 우뚝 서서 외롭게 핀 목련꽃
산 넘고 물 건너 불어온 명주바람 기운 받아
촉촉이 내려준 빗님의 덕에
입이 터지도록 함박웃음 짓는다

잎 하나 피지 않은 마디마디마다
터져 나온 꽃봉오리
바람결 고초 이겨낸 그대
백옥같이 희고 아름다운 여인이 된 그대
햇살보다 환한 미소 지으며 나를 맞아준다

꽃그늘에서 그대와 내가 한 발짝 더 가까워졌다
파르르 나비와 벌들의 날갯짓에
그대의 얼굴 아련히 떠올라
나도 높디높고 푸른 하늘로
둥둥 한번쯤 떠다니고 싶다

호수에 핀 하얀 연꽃과 어울려
봄비처럼 촉촉이 젖실 수 있음 좋겠다

허공을 꽉 채운 목련꽃
오늘은 한 폭 동양화가 펼쳐지고 있다.

서리 맞은 억새꽃

짙푸름의 향연을 펼치는 청소년들아
서리 맞은 억새꽃 같은 늙은이 쳐다보고 웃지 마라
누구나 짙푸르게 살고 싶은 희망은 다 있단다

억새꽃은 누구도 거절하지 않고
참새, 비둘기, 까치, 꿩, 뻐꾸기, 뱁새, 뱀도
포근한 함박웃음으로 맞이한다

아침이 되고 보니 억새꽃으로 변해
없던 망령 절로 난다
소나무 닮은 늙은이
눈 침침하고 귀 어두워지니

서로서로 낄낄대며 웃는 모습
빗물 되어 흐르는 이 내 마음
원통하고 애달프다
구석구석 찾아봐도 물샐 틈 없듯
할 일 없어 외톨이 인생이라네

바위에 다닥다닥 붙은 석이버섯 닮은 얼굴
머리는 억새꽃, 몸은 할미꽃 신세
누구나 가야 할 인생행로인 것을.

왕성한 나무가 잘 부러진다

처음 나무는 메마른 땅에서 시작된다
일년생 여러해살이풀들이 솟아나고
뒤이어 왕성한 나무가 들어와
여러해살이풀들을 밀어내면
그곳은 왕성한 나무들 천지

사랑도 온갖 시련을 거치듯
복합비료 부족과 폭풍을 이기지 못하고
오색 바람개비처럼 빙빙 돌고 돌면서
그 거친 세월을 보내다 보면
나무숲은 앙상한 고목으로 변한다

나무숲에 거미줄을 쳐놓아 노랑나비 한 마리
그물에 걸려 퍼덕거리면서 살려달라고 애원하자
너를 잡기 위하여 쳐놓은 그물 풀어줄 수 없다면서
거미는 쏜살같이 달려와 실을 뽑아 먹이로 삼는다

이른 아침 해 뜰 무렵
그대와 몰래 왕성한 나무숲에 들어설 때마다 마주하던

곧고 굵은 열주列柱들이여
하늘로만 향하던 상상력이여

그것을 두고 절정의 우리 사랑 같다고
그대와 나는 손가락 걸며 여러 번 약속했지만
아름드리나무를 흔드는 태풍
나무마다 생채기를 마구 드러내고

생 송진 흘러나와 끈적거림이
내 마음에서 좀처럼 지워지지 않는다
내 이 몸 속옷 다 젖도록
천둥번개를 동반한 소낙비를 흠뻑 맞고 싶다.

단풍나무에게

삶이 슬프기만 한 것도 아닌데
수도꼭지에서 콸콸 쏟아지는
물처럼 무슨 이유로 울고 있느냐
물이 말라 거북이 등처럼 쩍쩍 갈라지면
어떻게 하려고?

동맥 터져 솟아 나오는
핏빛 같은 단풍잎이여
몸부림치며 삶과 죽음 훌훌 털고 일어나
남실바람에 훨훨 날아라

오색 단풍나무 아래에 서면
온몸과 마음 울긋불긋 물이 드는 듯
뼈 마디마디 콕콕 쑤시어
힘없이 고추바람에 휘날리는 너를 보고

한 폭의 수채화 그려놓은 모습
역광도 받고 직사광선도 받아
오색 색깔로 모두 변해 떨어진 단풍잎

시집 사이사이 한잎 두잎씩 끼워 넣고 싶다

눈물과 그늘도 없이
뼈만 앙상하게 남은 채
네가 떨어트린 잎을 주워
속호주머니 속에 고이고이 간직했다.
돌아오는 겨울 이맘때 다시 꺼내보자.

산들바람에 휘날리는 낙엽

산들바람에 휘날리는 나뭇잎들
땅에 뒹굴러 어느 한 곳에
쌓이고 쌓이는 낙엽

풀냄새, 고운 달빛, 끝없이 투명한 하늘빛
석양빛처럼 황홀한 이 가을에
새삼 떠오르는 첫사랑의 추억

헐렁한 옷 사이로
찬바람이 스며드는 날
청양고추 넣은 낙지볶음 안주로
소주 한 잔 걸치고 싶다

산들바람에 휘날리는 낙엽보다
열매 풍성한 가을나무
이파리 하나 없이 온몸 벗고
빨간 과일 주렁주렁 열린
자유로운 사과나무로 우뚝 서고 싶다

베짱이처럼 노래 부르며
만상에 자연의 법칙을 알려주면서
영원히 이 가을만 같으라고 외쳐본다.

만산홍엽

조물주의 마법에 온 산을 불태우며
스스로 타버린 시체들
안개 같은 연기를 피워 올리고 있다

겉옷 홀딱 벗고
알몸의 신세로 생의 절정에 선 너
그 황홀한 모습을 본다

나도 언젠가는 옷을 벗고
한줌의 흙바람에 훨훨 날아갈 때가 올 것이다
울려 퍼지는 장송곡에 도취되어
빠져나오지 못한 채 소리 지르며
함께 묻혀 썩고 싶다

시든 풀, 나체인 나무
모두 돌아올 봄을 기다린다
대지를 뚫고 나오는 새싹들처럼
용광로같이 솟아오르는 생명의 화산을 꿈꾼다

장미나무와 큰 멋쟁이나비

정원을 오래 지킨 장미나무에 핀 빨간 꽃
가지 사이로 큰 멋쟁이나비 한 마리
나풀나풀 날아와 잠시 휴식하고 간다

빨대처럼 생긴 입을 장미꽃 속에 쑤셔 넣고
초콜릿 먹듯 꿀을 쭉쭉 빨아 먹는
큰 멋쟁이나비 한 마리
석류 알 같은 요술쟁이 빨대로
연륜을 헤아리듯 핥는다

묵은 장미나무 꽃
잎도 떨어지고, 꿀도 떨어지고
나무의 노쇠를 아는 나비
입술을 깨물면서 꽃을 떠난다

그 꿈의 껍데기에서 삶의 핏방울이 응고될 때
풀잎에 맺힌 이슬
해가 떠오르면 사라지듯
어디론가 훨훨 날아가 버린다.

바짝 다가오지 않는 그림자

마음을 들뜨게 하는 초록의 소리는
그림자의 모습과 똑 같습니다
명주실 비단 같은 피부 판도라처럼 생긴 그림자

산수유나무에 앉아있는 꾀꼬리는 꾀꼴꾀꼴 노래만 하고
바짝 다가오지는 않고, 향기만 내뿜는 노랫소리
그 소리 절반은 하나님에게 들려주고
절반은 나에게 들려주오

가슴 가득 설레게 하는 초록의 향기는
그림자의 향기인가 빨간 장미꽃의 향기인가
나에게는 클로버 세 번째 이파리 향기를 주오

저 멀리서 아른거리는 아지랑이는
누구의 그림자인가
보일 듯 보일 듯하지만 보이지 않고
다가올 듯 다가올 듯하면서도 멀어져가고
아물아물 아지랑이처럼
저 멀리서만 아른거리는 그림자여!

가까이 다가가면 저만치 또 더 멀어지니
왕사마귀 같은 마음이나 설움이 있거든
지나가는 바람에 날려 버리고
훨훨 빨리 날아오기를
남은 미움이나 설움이 있을지라도
내가 포근히 안아주리니.

동백꽃 사랑

태안반도 가의도, 사랑의 양식업자가 있자면
동백꽃 닮은 사랑의 금잉어를 번식시키리라
샛노란 꽃술에 벌나비 떼 찾아오고
사랑의 입질에 금잉어마저 펄덕거리는
대낮 가의도 한켠에 사랑의 벌나비가
숨겨 놓은 꿀단지 같은 밀막蜜幕

밀막의 고요한 축가 속에 백년가약처럼 맺은 한 쌍의 동백꽃 열매
한때 뽀얗게 피어오르는 꽃잔치도, 때 되면
지저분하고 추하게 떨어지는 법
아홉시 뉴스의 축가 속에 피어나는 동백
어느덧 마감 뉴스 속으로 떨어지고 마느니!

순풍에 흔들리며 윙윙거리던 말벌
지금은 마패의 권력을 놓고 어디 갔느뇨
카멜레온의 혓바닥은 아직 날름거리는데
아기 방 아기 곰 같은 동백꽃 사랑은 어디 갔느뇨

사랑의 샛노란 그림자 남겨둔 채
아아 돌메뚜기 삶처럼 '달과 6펜스'로 살아보리라.

얼음새꽃

너 만이 해가 보고파
샛노란 저고리를 입고
호호 웃음 짓는 얼음새꽃*

콩나물처럼 가지런히
눈얼음 속 아스팔트를 이고
돋아 오른 얼음새꽃

눈꽃 닮아버린
희디 흰 첫정
어느 님에게 바칠 눈매일까

하늘 첫 소식 안고서
봄바람 뚫고 단숨에 달려온
희망의 전령 같은 꽃이여.

---

* 얼음새꽃: 눈 사이나 살얼음을 뚫고 이른 봄 햇빛나면 노랗게 피는 꽃. 속명으로는 복수초, 눈색이꽃, 원일초, 설연화.

느티나무

버팀목처럼 우뚝 선 느티나무로
삶을 꾸며 견디어라
짙푸르거나, 빛바랜 채
추위 벼랑에 몸져눕거나

봄철엔 푸르고 싱싱한 초록빛
목도리를 두르고
여름철 뱀 들락거릴 구렁을 가슴에
품고,
가을 어느 대목에
집 나간 자식으로 되돌아와
느티나무 가지 하나를 베개 삼고

마침내, 은전銀錢 같은 나뭇잎
모두 빼앗길지라도
보라, 절간 한 채의 몸집으로
잠드는 느티나무의
꼿꼿한 그 매듭을

나풀대는 코스모스

가을 코스모스 단지
야들야들 삼색 꽃이 나풀대며
내 혼을 빼앗아간다
가을 하늘 너머로

살랑살랑 흔들리는 코스모스
가을운동회 합창단 모양으로
소프라노
메조소프라노
알토로 신나게 신나게
바람 속에서 희망의 노래를 부르고 있다

푸른 하늘처럼 맑게 닮고 싶은
내 마음뿐

밀려오는 마음의 파도
정서의 날개로 훨훨 날아
아무도 엿보거나 엿들을 수 없는
희망의 꿈이

코스모스는 내 마음이고
내 마음은 코스모스다.

단풍 구경

등산길 너럭바위에 올라앉아
핏빛 단풍을 바라본다
와! 온 산 빨갛게 불타오르네
바위 사이사이 불꽃이 활활 피어올랐다

그 속으로 청설모 다람쥐같이
한 명 두 명 불나비처럼 급히 뛰어들고

살아온 삶에 따라
사뭇 틀린 단풍들의 빛깔

눈 녹자 싹트고 자란 파릇한 이 돋아
꽃 피고 맺은 열매

어떻게 살았는지
어떠한 길을 걸어왔는지

청설모나 다람쥐를 위한 소원의 탑을
혼불 환히 밝혀 쌓았으리라

바위 사이사이 활활 타오르는 불꽃 눈은
얼굴을 폭 적셔줄 테니까
이따금 오는 등산길 모든 상념 잊고
상쾌한 마음으로

삶이 핏빛 단풍처럼 활활 타면
곡선의 멋스러움으로 춤추리라.

양귀비 사랑

시퍼런 대기 속에서 버둥거리며 날갯짓하는
사랑, 돈, 권세도 한낱 한줌의 모래알
개똥벌레 반짝반짝 불빛에 홀린
큰멋쟁이나비는 이승의 사막을 벗어나
쾌지나 칭칭나네 춤추네

천관녀 소망을 달군다는 맹세로
연리지, 비익조가 될 듯이 감언이설 속임수로 다짐하고
그저 좋아라 쾌지나 칭칭나네만 불러대네

천도복숭아의 검은 사랑도
아롱아롱 이슬로 맺힌 채 말라가네
고동털개미같이 사랑, 돈, 권세의 분비물 먹다
진액 빠진 뒤 황소 발자국으로 나타나고
딱정벌레들이 닥쳐 네 날개로 싹싹 청소하고

옹기종기 모인 꿀벌에 장수말벌 출현하여
뿔 도깨비방망이 휘둘러 전쟁터로 만들고 있도다
위장된 가발을 확 벗어던지자

까마귀소식 되고 마네
아, 그대는 양귀비 사랑이여.

들국화 옆에서

들국화야
너는 온화하고 쾌적한
봄여름 다 젖혀놓고

왜 낙엽이 떨어지고
찬 서리가 내리는 가을에
누구를 위해
너 홀로 길모퉁이에 피어 있니

아 그윽한 향기를
코 찌르게 내뿜으며

아마도
임을 위해
그 한 몸 바치기로
피어났나 보구나.

떨어진 낙엽 위에 앉아

— 서산시청 정문 앞 보호림 느티나무 밑에서

너에게 꼭 물어볼 것이 있다
진정한 너의 모습 무엇이냐고
우직한 그 몸체의 빛 잃지 않고
여름 내내 늠름히 서 있더니
하늘 향해 여섯 개의 팔을 쭉 뻗은 채
안식처를 제공하더니

네 색색의 낙엽이 발길에 밟힐 때면
생명의 덧없음을 실감한다
살점 뚝 떨어져 나가
땅바닥에 나뒹구는 낙엽들
데굴데굴 굴러다니다 자취를 감춘다

슬프거나 행복하거나 세월은 흘러만 간다
한겨울 고추바람에도 끄떡 안 하고
너는 또 봄을 기다린다
푸른 삶의 향내 가득한
아름다운 인연을 위하여.

숨통 막힌 벼

새파란 벼가 도복됐다
장맛비를 몰고 오는
먹구름과 천둥 번개

흙탕물에 벼 입까지 막혀
누렇게 말라 죽어가고 있다
벼 잎사귀마다 진딧물처럼 달라붙은 흙

산소마스크 품귀 현상으로
생육도 멈추고 고사 위기에 처해 있는 너
땅을 치고 통곡하며 구원의 손길 내밀었으나
어느 누구 하나 손길 내밀지 않는다

물 폭탄 맞아 자갈더미 흙더미에 깔려
호흡 장애와 생사 여부 불투명한 상태
바람 불고 햇빛 들기만을 소원하고 있다

구멍 뚫린 하늘이 퍼붓는
귀머거리 장맛비

나를 먹고 사는 이들이 오늘은 더 배고파
울부짖으며 허기를 호소한다

살려 달라고 애원하는 벼
계속되는 장맛비에
새파란 벼만 썩어간다.

땀방울은 소낙비 되어

산길이 인생길이다
심신을 단련하고
고독을 씹는다

산에는 크고 작은 바위, 수정 같은 계곡물
침엽수와 활엽수도 있고
청설모는 나무에 앉아 나를 보고 중얼거린다

땀방울이 소낙비가 되어 뚝뚝 떨어지고
숨이 턱까지 차고 지칠 대로 지친 순간
숲속 풀들의 손짓
바위틈에서 졸졸 흘러나와 모여 있는 옹달샘에
발을 담그고 뚫어진 하늘을 쳐다본다
정상에 오르면 확 트인 사방
나무 밑에 앉아 흠뻑 젖은 옷 벗어놓고
수건으로 닦으며 꽁무니바람 쐬니
뼛속까지 시원하다

산은 희로애락을 다 맛보게 해준다
인생살이도 등산 같으면
얼마나 좋을까?

소낙비 속에서

구름 한 점 없이 햇빛 쨍쨍한 날
하늘에 구멍이 뚫렸는지
소낙비 총알같이 쏟아진다

아침에만 해도 날이 맑아
우산 준비도 안 했는데
저 하늘이 무엇에 홀렸나

새 옷 입고 나온 신사
속옷까지 흠뻑 젖어
옹달샘에 빠진 생쥐 꼴이다

걸음 걸을 때마다
구두 속에서 저벅저벅
발은 물에 불어
기분 더욱 울적해지겠지만
만물을 난타하는 저 소리

하늘이 갑자기 텅 빈다
소낙비 멎자
무지개 하늘에 걸려
큰물의 대미를 장식한다

3

면도칼

얼마 동안 정신이 없어
수염도 깎지 못했지
거울 속 얼굴을 보니 초췌한 사람이 있다

이 얼굴로 살았구나 급한 마음에
상처를 내고 말았다
지혈을 했으나 멈추지 않았지

면도칼 같은 나 때문에
당신도 이렇게 아프겠지
무뎌지지 않는 칼날

참을 인忍자 세 번만 생각하자 했지만
함부로 행동하곤 했지
가슴에 큰 상처만 남기고

안 돼 안 돼
면도칼이 녹슬 때까지
아예 쓰지 않을 때까지

함구하다

뻘밭에 하얗게 빛나 젖혀보면
입 딱 벌어진 조개
죽어 있다 썩고 있다

겉보기엔 멀쩡하고 예쁘지만
속이 텅 빈 조개일 뿐
산 조개는 입을 앙다물고 있다

입이 확 벌어지면 죽는다는 걸 알고
입을 벌리지 않으려고
죽을힘을 다해 용쓴다

맛조개, 피조개, 칼조개, 명주조개,
키조개, 대합, 코끼리조개도
입을 딱 봉하고 있다

참게, 돌게, 멍게까지
입 벌리고 있으면 다 죽는다
바닷가 조개도, 가족도, 나라도

침묵은 금임을 가르쳐주는 조개들
입 꼭 다물고 살아가는 조개
부처처럼 염화시중을 조개처럼 묵언수행을

풀을 낫으로 베다

풀은 틈을 본다 바람을 기다린다
밭작물보다 높게 자라는 풀
씨앗 맺어 풀풀 날리기 전에
낫으로 베어야 한다

낫 들고 풀을 벤다
제초제나 예초기 사용하면 쉽지만
나는 줄곧 낫으로 풀을 벤다
뿌리 채 뽑기도 한다

낫으로 풀을 베다 보면
달팽이, 개미, 무당벌레, 노린재, 방구쟁이, 거미, 사마귀, 여치…
많은 생명체들이 풀섶에 서식하고 있다.
제초제나 예초기로 해결했다면 그들의 생명은?

양손에 풀물이 배어
물로 씻고 씻어도
비누 묻혀 돌에 빡빡 문질러봐도

좀처럼 지워지지 않는 초록 풀물

풀밭에 누워 하늘도 보고
풀꽃 따다 목걸이도 팔찌도 만든다
겨울이 오면 다 메말라 죽은 것 같지만
봄이 오면 또 싹이 돋아나다

풀은 밟아도 일어서고 베어도 다시 살아난다
철 따라 갈 때와 올 때를 안다
그렇게 변함이 없는 풀
왜 우리는 저 들의 잡풀보다 못할까

시청 앞 느티나무

부춘산 기슭 아래
서산시청 정문 앞에는
사백 년이 넘은 보호수
느티나무가 하늘을 우러르고 있다

연녹색 향연의 계절
하늘 향해 팔을 벌린 채
구름무늬 나뭇결 속 파먹힐 대로 파먹혀
큰 구멍 다섯이나 파인 상처를 보이지만

이 눈물나무는 두부도 먹고 아들딸들 걱정에
가슴에 멍든 구멍 동공충전*하여 놓았네

한여름 시원한 그늘 밑 의자에 앉아
죄인 풀려나오기 기다리는 부모형제 그리고 자매
접동새 소리와 눈물을 먹고 자란 느티나무

---

* 동공충전: 나무 속 썩은 곳을 파내고 구멍에 인공 살을 넣어 메운 것.

촘촘한 가지들 사백 년 이상 지켜온 살결
원귀들의 농간에 느티나무 멍든 구멍
그 한을 어느 누가 풀어줄까

민초들 넓디넓게 퍼져 나가 그림자 그늘 밑
의자에 앉아 하늘만 쳐다보며
소원 빌고 빌어 봐야
해결되는 건 아무것도 없이
둥근 바람 속에서 그 마음만 맴돌고 있지.

나무 외투

울긋불긋 나무들
화려한 옷을 차려입지만
낙엽이 지면 앙상한 알몸
긴 겨울을 떨며 견뎌야 한다

몇 번을 견뎠을까
여름의 태풍을 그 힘찬 바람을
겨울의 눈보라를 그 무거운 눈꽃을
산불이 나면 온몸에 화상도 입고
나무는 의자도 되고 책상도 되고
마루도 되고 기둥도 된다
아름다운 결, 짙은 향기로
사람들의 곁에서 백년을 살 수 있거늘

언젠가 내 삶도 저렇게 떨어져가리
죽으면 나무는 고사목이라도 되지만
나, 한 줌의 재가 될까
나무 외투 긴 관을 입을까.

누렁소와 백로

누렁소 한 마리 풀밭에서
평화롭게 풀을 뜯고 있다
등에 백로 한 마리가 올라서 휴식을 취한다
이러한 모습이 '느림의 미학'인가?

누렁소 몸에 찰싹 붙어 피를 빠는 진드기는
큰 콩방울만큼 배가 불러야
몸에서 자연스럽게 떨어진다

왜 한가로이 풀을 뜯는 소에게
진드기가 붙어 피를 빨아먹을까
세상엔 진드기 같은 사람도 있지

누렁소 같은 삶에게 붙어 피를 빨아야 할까?
그 착한 소 묵묵히 자기 할 일만 열심히 하는데
왜 자꾸 진드기가 붙어 피를 빨아 먹으려고 할까

떨어진 진드기는 땅속이나 풀 틈에 산란
세를 불리려 한다
그때 백로가 진드기를 쪼아 먹는다.

뻘밭에서

뻘밭에는 뚤짱이, 황발이, 능쟁이, 박하지, 갯지렁이들이 산다
게들이 단체로 나와 뻘밭에서
분주하게 구멍으로 잽싸게 들락날락거리다
사람들의 발자국 소리가 나자
베트남 구찌땅굴 같은 곳에 숨어버린다

간조에는 분주히 그 위를 기어 다니며
게들을 잡는다
발자국 소리를 들은 게들은 잡히지 않으려고
뻘밭 구멍을 향해 돌진도 서슴지 않는다

육지의 흙과 모래가 강물 따라 바다에 모여 퇴적되어 쌓인 뻘
갯벌에는 구불구불한 물고랑인 갯골이 발달해 있다
그 발달해 있는 가슴이 움푹 패어 있다
패인 가슴에 수많은 애환이 담겨 있구나

만조에 검푸른 이불 한 채 덮인 채 출렁거리는 물결만 보인다
마음도 만조 때처럼 출렁거리는 물결과 같을까?
기쁨도 즐거움도 모두 한때

인생은 일기예보 없는 난파선 같은 것
하지만 나는 또 배를 타고 먼 바다로 나간다.

들판에 흘린 밥풀

가을걷이하다가 들판에서 점심을 먹는다
흘린 밥풀을 보고 노래 부르며 놀던 참새들이 와서
쪼아 먹고 날아간다

남은 밥풀은 들쥐들이 먹고
그리고 남은 밥풀 낱알은
개미가 물고 집으로 들어간다
쌀 한 톨이 미수米壽이며, 백수白壽로
그 밥풀이 아까워 주워 먹으려 했으나
참새한테 빼앗기고 만다

콤바인이 부르는 풍년가 소리에
낡아 찢겨진 바람풍선 허수아비
오곡백과 풍성하고 풍요로웠던 가을
갑자기 쓸쓸하고 춥고 외롭다

산들이 들판 끝에 한 폭의 병풍처럼 둘러싸
한기와 외로움을 달래주고 있다
짚 싼 흰 비닐이 한 곳에 모여 앉아

다음해 만나자고 하지만

빨리 온 겨울, 바람이 차다.

메뚜기가 뛴다

친환경 농법 덕에 논에 돌아온 메뚜기
잡으려고 하자 날뛴다.
같이 있던 동료들도 날 살려라
펄쩍펄쩍 다 같이 잘도 도망친다

맨손으로는 잘 잡히지 않아 손에 채집망을 들고
삼삼오오 벼 이삭에 매달린 메뚜기를 잡았다
잡힌 메뚜기를 병에 넣자 죽음이 다가왔음을 아는지
기운이 쭉 빠진 채 배가 꿈틀, 꿈틀거린다

세상 돌아가는 것을 보면 모두 다 메뚜기 같다
지렁이는 기고
벼룩, 망둥어, 꼴뚜기같이 생긴 건 다 뛴다
뛰어봤자 1미터도 못 뛰는 운명
소가 웃자 옆집 강아지, 고양이도 덩달아 웃는다

이때 사마귀가 출현하자
고추잠자리 빙빙 머리 위를 돌며 감시한다
고양이 앞에 쥐 꼴이 되고 만다

이래서 세상은 참 요지경이 아닌가

참새 떼 쫓기 위해 황금 논에 우뚝 세워놓은 허수아비
농악단의 풍물공연 화려하게 펼칠 때
잡은 메뚜기 참기름에 달달 볶아 소주 안주로 먹는다
달팽이 볶음보다 메뚜기 볶은 것이 더 감칠맛 난다.

소꼴을 낫으로 베다

집안에서 제일 듬직한 가족과도 같은 동물
소가 잘 먹는 꼴을 골라 낫으로 벤다
먼저 풀숲을 낫으로 휘휘 흔들어 본다

휘휘 흔들면 곤충들이 후드득 날아간다
메뚜기는 날고 청개구리는 펄쩍 뛰어나가고
율매기, 능구렁이는 스르륵 도망친다

꼴을 베면서 미물의 생명도
함부로 살생하지 않기 위함이다
소 꼴 베기만도 못한 시대가 돼서는 안 된다

어린 시절, 소꼴을 베다
메뚜기는 잡아 장난도 치고 구워먹기도 하고
율매기, 능구렁이는 잡아 팔기도 했다

외양간에서 꼴을 기다리는 소에게
맛있는 꼴을 먹기 좋게 주는 것이 아니라
소 엉덩이에다 꼴을 던지는 자도 있다

등산객과 산새

등산하다가 한적한 곳에서 잠시 휴식하면서
휘파람을 불자
곤줄박이, 쇠박새, 직박구리가 날아와 기웃거리면서
먹이를 달라고 애원한다

소지했던 땅콩 과자부스럼 등을 손바닥에 올려놓자
산새들은 순서대로 날아와 알갱이를 물어간다
물어간 먹이를 어디에다 숨겨놓고
다시 와 손바닥 주위를 빙빙 돌면서
더 달라고 애원한다

등산객이 잡아먹지 않을 것을 믿는 모양이지
산새들은 박쥐나 여우같은 마음인지 모르고
자꾸 친해지고파 머리 어깨 주위를 빙빙 돌면서
친구를 사귀자고 고개를 갸우뚱거리면서 짹짹짹

여우같은 등산객이 곤줄박이 한 마리를 붙잡자
곤줄박이는 칠팔월 엿가락 녹듯 온몸의 힘이 다 빠진다
사람 중에는 산새만도 못한 자도 가끔씩 있다.

홍매화 향 맡으면서

지난해 태풍 곤파스에 찢기지도 꺾이지도
뿌리 뽑히지도 않은 채
천연고목처럼 서있는 홍매화 한 그루

은물결 금물결 반짝반짝 실바람에
쨍쨍 내리쪼이는 햇볕에
공처럼 부풀어 오른 꽃봉오리
로즈마리 향으로 목욕재계하고
출산의 진통 끝에 양수 터져
올망졸망하게 핀 홍매화

붉디붉은 꽃 만개하니 황홀난측恍惚難測하다
흘린 피 보충하기 위하여 수혈하는 꽃술
하늘을 향하여 분수처럼 내뿜는
짙은 향기와 채도 14*

---

* 채도 14 : 빨간색.

올망졸망 내뿜는 짙은 향기를
코와 206개 뼈에 저장했다가
사랑이 가시밭길에 도달할 때
죽는 날까지 한 목숨 다 바칠
내 목숨
꽃이여

살갗 따스하게 스치는 명주바람에
내 마음 설렌다
그대를 품안에 꽉 감싸 안고
눈뜨고 싶지 않다

독감과 몸살에 가슴 앓을까봐
뼈있는 말 한마디에도 넋을 잃고 그대
왕벚꽃 향이 아닌 홍매화 향만 내뿜기를.

부족한 뇌

다 외운 책은 태워버리고
덜 본 책, 베개 삼아 잠을 자보고
품에 안고 다녀도 보고
별짓 다 해도 머리는 아브라함도 안 되고
까마귀 된다 청설모 된다

크고 작은 나무 어울려 있는 밑
바늘 끝처럼 뾰족뾰족 솟아오르는 청록의 싹들
무성하게 잘 자라 꽃 피고 열매 맺어
젊어서는 사자처럼
늙어서는 여우같이 살다가
연꽃 닮아 무소의 뿔처럼 가라

누가 누구를 믿어
다 맨주먹과 빈손의 관계
액땜이든 희망이든
모두 가득 실은 연을 날려 보냈지만
부메랑처럼 돌아
하필이면 대추나무에 걸리고 만다.

목련꽃 핀 나무 밑에 앉아서

옷 하나 걸치지 않고
하얀 솜사탕같이 원추형 꽃대에 활짝 핀 꽃
나무 밑에 앉아서 너를 바라본다

6개의 꽃덮이 조각 속에 나선형 수술에서
분수같이 뿜어내는 샤넬 향수
향긋한 냄새가 내 온몸에 스며든다

만발한 벚꽃의 힘에 밀려
무궁화 꽃같이 지지 않고
멍든 모습으로 툭툭 떨어지는 꽃잎

낙화된 꽃잎을 주워 향기를 맡는다
힘없이 흐늘흐늘하게 불그레한 네 모습
찬란한 죽음을 꿈꾸며 땅에 떨어진 목련꽃아

꽃망울 터트릴 때처럼 밝게 웃던 그 모습
다음해 이맘때 다시 만나자
다시 만나 또 봄을 노래하자.

민들레를 노래하다

길섶 양지 녘 볕을 따라 피어난 앉은뱅이
노랗게 핀 민들레
어디든 밟히지 않은 곳이 있으랴

먼지 쓰레기 쌓인 사이사이마다 뿌리내리고
천진난만한 젖먹이 아이처럼 함박웃음 지으며
어여쁘게 피어난 민들레

너의 운명, 곤파스 태풍 때 부러지고 꺾기고 찢기고
뿌리째 뽑힌 소나무 신세 같다
무수한 사람들이 밟고 간 자리에 흔하게 핀 민들레
찢긴 생솔에서 흘러나오는 솔향기가
내 몸을 진동시킨 것같이
너도 나를 감동시킨다
네가 짓밟혀 잎, 줄기, 꽃대 무참하게 학살당할 때
구덕초九德草라고 외쳤지

배고프고 춥고 아파도 울지 말고
짙은 안개 앞을 막아 맹인이 되게 해도

방향 감각 잊지 말고
홀씨 되어 남실바람에 실어
너풀너풀 춤추며 희망을 한 아름 안고
짓밟아도 밟아도 밝게 웃는 모습으로 사는 민들레.

펑펑 쏟아지는 함박눈 맞으면서

산토끼처럼 옷을 입고, 털신도 신고
펑펑 쏟아지는 함박눈 맞으면서
눈 밟는 뽀드득 뽀드득 발자국 소리
개 짖는 소리, 자동차 소리, 인기척도 없는
고요한 눈길을 걷는다
우주 공간에서 훨훨 나는 것 같은 상쾌한 기분

활짝 핀 목화송이 같은 함박눈
칼바람에 남실남실 춤추며 많이도 쌓인다
굴속에 파묻혔다가 탈출한 산토끼같이
머리 위, 어깨, 등에 소복소복 쌓이는 눈

토끼인지 묘인지 눈덩어리인지
만발한 목화밭인지 분간 못해
사방팔방 헤매 다니던 때
발자취 증거 인멸하는 함박눈
하얀 입김이 펄펄 나와
코, 입에 생긴 고드름 주렁주렁
몸이 으슬으슬 떨리면서

뼈가 에일 정도로 춥다

마음 한구석 설레게 만든 순백의 세상에서
아무도 걷지 않은 황홀한 눈길에서
붉은 피 끓던 사랑이 떠올라
내 마음 환하게 대해주는 보름달 같은 그대와 같이 걷고 싶다
함박눈에 반짝반짝 비치는 빛나는 두 눈

석류 속 같은 그 입술
눈에 맞부딪칠까봐 꼭꼭 숨어 나타나지 않는다
꼭꼭 숨어 있는 그대
펑펑 쏟아지는 함박눈 맞으면서
더디 오는 봄날 풍경을 내 마음속에 그려본다.

껌처럼 뱉지 마세요

달콤새콤 화한 맛의 너를 질겅질겅 씹다가
그 맛이 사라지면
과태료 납부 걱정도 안 하고
그냥 길섶에 확 내뱉는다

내뱉은 껌은 신바닥에 묻어
좀처럼 떼어지지 않아
땅바닥에 비비고 칼로 떼어내도
깨끗이 떼어지지 않고 끈적거림이 남는다

달콤새콤 화한 물 다 빠지도록 질겅질겅 씹다가
확 내뱉은 껌도 하물며
원통하지 않겠다고 맹세했지만
늘 악몽서 헤어나지 못하고 몸부림치고 있다

내 다시는 껌 같은 행동을 하지 않으리라
평생 살아가는 동안 후회하면서
피가 마르도록 너의 사랑을 꿈꾸며
바비인형 같은 너를 또 생각한다.

감자를 캐면서

감자는 땅속에 있을 때나
땅 밖으로 나왔을 때나
똑같다

흰색 감자 꽃에는 흰 감자
자주색 감자 꽃에는 자주감자

인생은 늘 겉과 다른 속
하얀 꽃 피면
속은 검정색 꽃 피고
검정 꽃 피면
속은 하얀색 꽃 핀다

땅속에서 자라는 감자를
동그랗게 속을 파먹은 굼벵이
굼벵이 같은 인생도 더러 있더라

만발한 감자 꽃밭에서
감자를 캔다
인생을 캔다.

이슬 같은 존재

모란꽃이 떨어지기로서니
세월을 한탄하랴
총총 박힌 별들
보름달빛을 받아
하나, 둘 사라진다

잘 익은 홍시같이
솟아오르는 태양
밤새 내려 들풀에 맺힌
이슬로 왔다가
흔적도 없이 사라지네

아, 이처럼 그림자 하나 없이
너구리나 얼렁쇠들처럼 활보하니
사자 마음으로 살리라

목숨 붙어 있을 때까지
짙푸른 허허벌판 같은 마음
길잡이별 같은 목표 하나 잊지 말기를

이슬 같은 존재
모란꽃처럼 피었다가
펄펄 무궁화 꽃같이 떨어져 내리기를.

사랑한다는 것은

죽음을 재촉하는 거라잖아요

뇌 속으로, 가슴속으로
나무 큰 뿌리에서 잔뿌리까지
방금 터져 나온 꽃봉오리까지
말기 암처럼 퍼져 있잖아요

인생의 봄은 한 번 가면 다시 오지 않지만
서성거리는 느낌마저 들지 않고
바람, 그림자, 눈물은 내 곁에만 있어요
까막눈으로 변해 형체를 알 수 없지만
새 순을 태워내는 자연의 순리처럼
햇살과 그늘은 내 가슴을 지키고 있어요

마음조차 살랑살랑 꽃향기 따라가다 보니
앵무새도 있고 십자매도 있네요
그러나 나는 십자매를 사랑해요
텅 빈 밤하늘에 별이 총총
그중 십자매 닮은 별 하나

가슴속 깊이 안겨줄 수 없을까요

호박琥珀이나 무화과처럼
몸속으로 피는 장미꽃 한 송이를.

눈꽃 세상에서

폭설이 내려 동화 속 눈꽃 세상에
알록달록 원색 옷차림 등산객 북적북적
눈밭에 강아지처럼 뒹굴어 보고 드러누워 보고
눈 속에 파묻혀 동심 만끽하는 가야산 눈꽃 세상

지붕에도 들판에도 마을회관 가는 길에도
내리는 눈 천근만근 쌓이고
소나무 가지 꺾이면서 지르는 비명
장미꽃 비닐하우스 붕괴로
꽁꽁 얼어붙은 장미꽃 송이

세상을 깨끗하게 덮어준 눈꽃에
사향 장미꽃*은 꽁꽁 얼어붙은 수정 고드름으로 변해
눈치도 없이 장미꽃이 만개하지 못하도록
소리도 없이 눈은 발등을, 무릎을 차오르고 있다
산더미처럼 쌓인 눈 속에 몸을 꼭 파묻힌 채

---

* 사향 장미꽃 : 변덕스러운 사랑이라는 꽃말을 갖고 있음.

빨강 아네모네*를 외쳤지만
햇빛에 눈꽃이 부서지지 않는다

장미의 꽃술에 눈물이 나오게 하는 것이 아니라
입가에 미소를 짓게 할 때
천둥처럼 눈치 채고 다가오는 자
지상의 모든 생명을 거둬가는 자
기약 없고, 막막해도 어느 순간
내 코앞에 다가올 것이다

온 세상이 눈으로 덮여 수평선 된 듯
내 마음도 저 수평선 되었으면 좋겠다.

---

* 빨강 아네모네(wild flower) : 그대를 사랑해라는 꽃말을 갖고 있음.

갈비 맞은 은행잎

간밤 세차게 갈비 몸부림쳤다
힘센 강쇠바람한데 얻어맞으며
은행잎들 중심 잃고 떨어져내렸다

갈비에 젖어 촉촉한 노란 잎들
여기저기 백수건달처럼 뒹굴고
차이는 발길에 숨겨 있는
쿨쿨한 구린내 풍기는 은행알
그 속에 묘약 한 움큼 숨겨있었구나

은행잎 쌓인 공원길 걷는
내 마음까지도 노랗게 노랗게 물들어가네

갈바람에 노란 잎이 흩날릴 때
'어느 멋진 날에'란 노래 절로 불러지면서
떨어진다는 것이 얼마나 아름답고 멋진 것인지
아무도 모른다
호수 위에 그린 가을 수채화 한 폭
아아, 이 낭만적인 이국풍경을

홀로 걸어보는 새벽 공원길
고된 베틀소리처럼 서걱서걱 거리는 은행잎
떨어져내려도 사람들의 발길에 채이지 않도록
쓰디쓴 참회의 눈물방울은 보이지 않도록

앙상한 뼈대 헐벗은 몸 늠름한 고목은행나무는
다가올 봄을 기약하면서.

바닷가 횟집에서

넓은 청정 바다 속에서
희망의 꿈꾸던 우럭, 농어, 도미, 가자미, 노래미가
어부의 그물망에 걸려

그 늠름한 모습에서 패자가 되고 보니
횟집 도마 위에 간편히 올려져
회칼 쥔 자 눈앞에서
벌겅 살점으로 벌렁 누워
팔자타령만 하고 있구나

회칼에 피를 내뿜으며
마지막 한 줄기 숨이 끊길 찰라
멀겋게 눈을 감지 못하고
그대로 뜬 채 그들의 주검
살점 앞에서는 군침을 돋으며

초고추장 찍어 젓가락질 재바르게
움직이면서 한 움큼씩 씹으니
쫄깃쫄깃 하고 이 맛 좋은 자연산이여!

활짝 웃는 얼굴에 소주잔 부딪치고

내일의 희망과 건강을 위해 건배!
언젠가는 그대들도 눈 멀겋게
뜨고 드러눕는 살점이 될지 모르네요!

태안

내 마음의 고향은
갈매기 떼가 끼룩끼룩
활기찬 듀엣 소리로
너와 나의 틈을 메워주고

외딴섬 풀밭 급경사나 언덕 밑에
둥주리 틀고
알 몇 날을 품어
얼싸 좋아라 갈매기들 뜀박질하는
알섬

청솔나무에 꿈을 간직한 채
불빛 같은 청춘의 피꽃 동백에 도취되어
북, 장구, 징, 꽹과리 발 맞춰
흥겹게 덩실덩실 춤추며
한 평생을 너끈히 보낼 곳이라네.

장미꽃보다 아름다운 눈빛

지은이 · 송낙인
펴낸이 · 유재영
펴낸곳 · 주식회사 동학사

1판 1쇄 · 2019년 2월 28일
출판등록 · 1987년 11월 27일 제10-149

주소 · 04083 서울 마포구 토정로53 (합정동)
전화 · 324-6130, 324-6131 | 팩스 · 324-6135
E-메일 | dhsbook@hanmail.net
홈페이지 | www.donghaksa.co.kr
www.green-home.co.kr

ISBN 978-89-7190-676-7 03810